Impressum
Verlag: BABADADA GmbH, Nedderfeld 112 , 22529 Hamburg
Geschäftsführer / Verlagsleitung: Harald Hof
Druck: Books on Demand GmbH, In de Tarpen 42, 22848 Norderstedt

Imprint
Publisher: BABADADA GmbH, Nedderfeld 112 , 22529 Hamburg, Germany
Managing Director / Publishing direction: Harald Hof
Print: Books on Demand GmbH, In de Tarpen 42, 22848 Norderstedt, Germany

iskola

בית ספר

osztályterem
כיתה
oszt
חילק
186/2
asztal
לוח
iskolaudvar
tanár
מורה
papír
נייר
írni
כתב
toll
עט
íróasztal
שולחן עבודה
vonalzó
סרגל
könyv
ספר
tanuló
תלמיד

iskolatáska

ילקוט

tolltartó

קלמר

ceruza

עיפרון

ceruzahegyező

מחדד

radír

גומי מחיקה

rajzfüzet

חוברת סרטוט

rajz

סרטוט

ecset

מברשת

festőkészlet

קופסת צבעים

olló

מספריים

ragasztó

דבק

munkafüzet

ספר תרגול

házi feladat

שיעור בית

szám

מספר

összead

חיבר

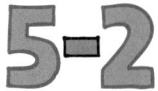

kivon

חיסר

szoroz

הכפיל

számol

חישב

betű

אות

ABC

אלפבית

szó

מילה

szöveg

טקסט

olvasni

קרא

kréta

גיר

tanóra

שיעור

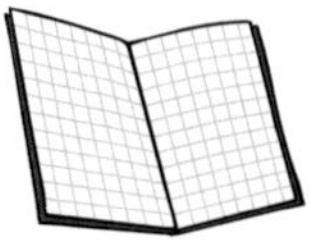

napló

יומן נוכחות

vizsga

מבחן

bizonyítvány

תעודה

iskolai egyenruha

תלבושת בית ספר

oktatás

חינוך

enciklopédia

אנציקלופדיה

egyetem

אוניברסיטה

mikroszkóp

מיקרוסקופ

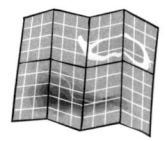

térkép

מפה

papír-hulladék gyűjtő

סל נייר

utazás
נסיעה

hotel
מלון
szállás
הוסטל
valutaváltó iroda
המרת מטבע
bőrönd
מזוודה
autó
אוטו

nyelv

שפה

igen/nem

כן / לא

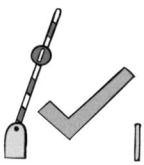

rendben

בסדר

szia

שלום

fordító

מתרגם

köszönöm

תודה

mennyibe kerül...?

?.....כמה עולה

nem értem

אני לא מבין

probléma

בעיה

Jó estét!

ערב טוב!

jó reggelt!

בוקר טוב!

jó éjszakát!

לילה טוב!

viszontlátásra

להתראות

útirány

כיוון

poggyász

כבודה

táska

תיק

hátizsák

תרמיל גב

vendég

אורח

szoba

חדר

hálózsák

שק שינה

sátor

אוהל

turista információ

מרכז מידע לתיירים

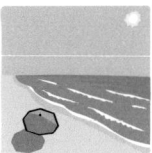

strand

חוף ים

hitelkártya

כרטיס אשראי

reggeli

ארוחת בוקר

ebéd

ארוחת צהריים

vacsora

ארוחת ערב

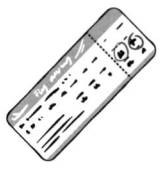

jegy

כרטיס

lift

מעלית

bélyeg

בול

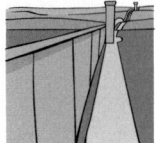

határ

גבול

vám

מכס

nagykövetség

שגרירות

vízum

אשרה

útlevél

דרכון

közlekedés

תחבורה

repülőgép
מטוס
hajó
אונייה
tűzoltóautó
כבאית
busz
אוטובוס
tehergépkocsi
משאית
motorcsónak
סירת מנוע
bicikli
אופניים
autó
אוטו

komp
מעבורת

csónak
סירה

motorkerékpár
אופנוע

rendőrautó
ניידת משטרה

versenyautó
מכונית מרוץ

bérautó
רכב שכור

telekocsi

מכוניות בשיתוף

vontató

אוטו גרר

szemetes autó

משאית זבל

motor

מנוע

üzemanyag

דלק

benzinkút

תחנת דלק

közlekedési tábla

תמרור

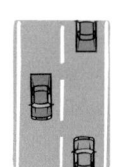

forgalom

תנועה

forgalmi dugó

פקק תנועה

parkoló

חניה

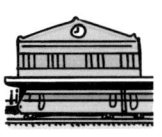

vonatállomás

תחנת רכבת

sínek

פסי רכבת

vonat

רכבת

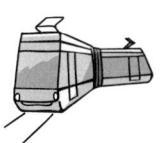

villamos

רכבת קלה

vagon

קרון

helikopter

מסוק

repülőtér

שדה-תעופה

torony

מגדל

utas

נוסע

konténer

קונטיינר

kartondoboz

קרטון

taliga

עגלה

kosár

סל

felszáll / leszáll

המראה / נחיתה

város

עיר

falu

כפר

városközpont

מרכז העיר

ház

בית

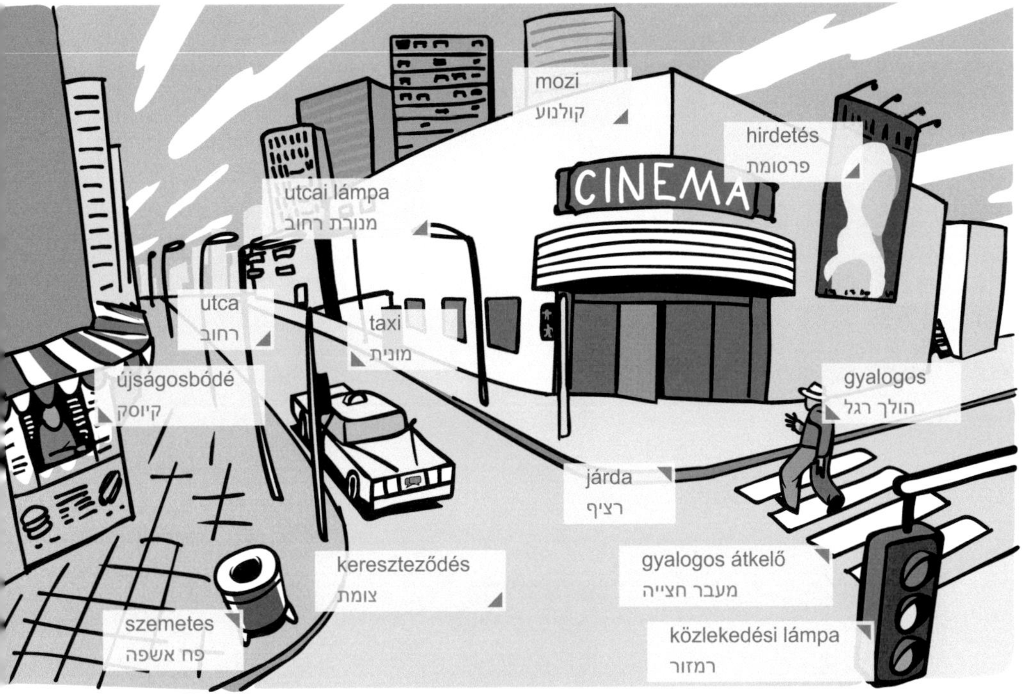

mozi — קולנוע

hirdetés — פרסומת

CINEMA

utcai lámpa — מנורת רחוב

utca — רחוב

taxi — מונית

gyalogos — הולך רגל

újságosbódé — קיוסק

járda — רציף

kereszteződés — צומת

gyalogos átkelő — מעבר חצייה

szemetes — פח אשפה

közlekedési lámpa — רמזור

kunyhó

בקתה

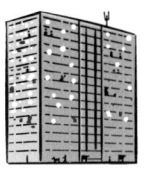

lakás

דירה

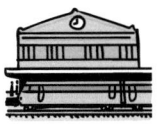

vonatállomás

תחנת רכבת

városháza

עירייה

múzeum

מוזיאון

iskola

בית ספר

egyetem

אוניברסיטה

bank

בנק

kórház

בית חולים

hotel

מלון

gyógyszertár

בית מרקחת

iroda

משרד

könyvesbolt

חנות ספרים

üzlet

חנות

virágüzlet

חנות פרחים

szupermarket

סופרמרקט

piac

שוק

áruház

כל-בו

halárus

מוכר דגים

bevásárló központ

קניון

kikötő

נמל

park

פארק

pad

ספסל

híd

גשר

lépcső

מדרגות

metró

רכבת תחתית

alagút

מנהרה

buszmegálló

תחנת אוטובוס

bár

בר

étterem

מסעדה

postaláda

תא דואר

utcatábla

שלט רחוב

parkoló óra

מדחן

állatkert

גן חיות

uszoda

בריכת שחיה

mecset

מסגד

gazdálkodás

חווה

környezetszennyezés

זיהום

temető

בית עלמין

templom

כנסייה

játszótér

מגרש משחקים

szentély

בית מקדש

táj

נוף

levél — עלה

útjelző tábla — תמרור

út — דרך

rét — מרעה

kő — אבן

túrázó — מטייל

fa — עץ

folyó — נהר

fű — דשא

virág — פרח

völgy

בקעה

domb

הר

tó

אגם

erdő

יער

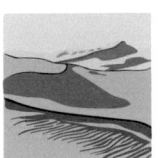

sivatag

מדבר

vulkán

הר געש

kastély

טירה

szivárvány

קשת בענן

gomba

פטריה

pálmafa

דקל

szúnyog

יתוש

légy

זבוב

hangya

נמלה

méhecske

דבורה

pók

עכביש

bogár

חיפושית

béka

צפרדע

mókus

סנאי

sündisznó

קיפוד

nyúl

ארנב

bagoly

ינשוף

madár

ציפור

hattyú

ברבור

vaddisznó

חזיר בר

szarvas

צבי

rénszarvas

אייל הקורא

gát

סכר

szélturbina

טורבינת רוח

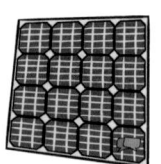

napelem

פנל סולארי

éghajlat

אקלים

étterem

מסעדה

pincér
מלצר
menü
תפריט
szék
כסא
leves
מרק
pizza
פיצה
evőeszköz
סכו"ם
terítő
מפת שולחן

előétel

מנת פתיחה

főétel

מנה עיקרית

desszert

קינוח

italok

שתיות

étel

אוכל

üveg

בקבוק

gyorsétel

מזון מהיר

gyorsétel

אוכל רחוב

teás kanna

קנקן תה

cukortartó

מסכרת

adag

מנה

eszpresszógép

מכונת אספרסו

bárszék

כסא תינוק

számla

חשבון

tálca

מגש

kés

סכין

villa

מזלג

kanál

כף

teáskanál

כפית

szalvéta

מפית

pohár

כוס

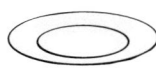

tányér

צלחת

leveses tányér

קערת מרק

csészealj

תחתית

szósz

רוטב

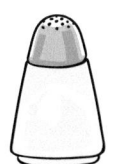

sószóró

מלחייה

borsőrlő

מטחנת פלפל

ecet

חומץ

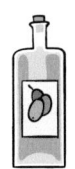

étkezési olaj

שמן

fűszerek

תבלינים

ketchup

קטשופ

mustár

חרדל

majonéz

מיונז

szupermarket
סופרמרקט

különleges ajánlat
מבצע
ügyfél
לקוח
tejtermék
מוצרי חלב
gyümölcsök
פירות
bevásárló kocsi
עגלת קניות

hentes

אטליז

pékség

מאפייה

nyom valamennyit

שקל

zöldség

ירקות

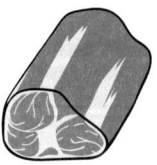

hús

בשר

fagyasztott áru

מזון קפוא

felvágott

בשר קר

konzerv

שימורים

mosópor

אבקת כביסה

édességek

ממתקים

háztartási termék

מוצרי בית

tisztítószerek

חומר ניקוי

eladó

מוכרת

pénztárgép

קופה

eladó

קופאי

bevásárló lista

רשימת קניות

nyitva tartás

שעות פתיחה

levéltárca

ארנק

hitelkártya

כרטיס אשראי

zacskó

תיק

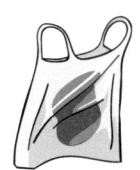

műanyag zacskó

שקית נילון

italok

שתיות

víz

מים

gyümölcslé

מיץ

tej

חלב

kóla

קולה

bor

יין

sör

בירה

alkohol

אלכוהול

kakaó

קקאו

tea

תה

kávé

קפה

eszpresszó

אספרסו

kapucsínó

קפוצ'ינו

étel
אוכל

banán

בננה

alma

תפוח

narancs

תפוז

sárgadinnye

אבטיח

citrom

לימון

sárgarépa

גזר

fokhagyma

שום

bambusz

במבוק

hagyma

בצל

gomba

פטריות

magvak

אגוזים

nokedli

אטריות

spagetti

ספגטי

rizs

אורז

saláta

סלט

sült krumpli

צ'יפס

sült burgonya

צ'יפס

pizza

פיצה

hamburger

המבורגר

szendvics

כריך

hússzelet

שניצל

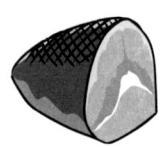

sonka

שינקין

szalámi

סלאמי

kolbász

נקניקיה

csirke

עוף

pecsenye

טיגון

hal

דג

zabkása

שיבולת שועל

müzli

מוזלי

kukoricapehely

קורנפלקס

liszt

קמח

croissant

קרואסון

zsemle

לחמנייה

kenyér

לחם

pirítós kenyér

טוסט

keksz

עוגיות

vaj

חמאה

túró

גבינה לבנה

sütemény

עוגה

tojás

ביצה

tükörtojás

ביצת עין

sajt

גבינה

jégkrém

גלידה

cukor

סוכר

méz

דבש

lekvár

ריבה

mogyorókrém

ממרח נוגט

curry

קארי

étel - אוכל

gazdálkodás

חווה

szalmakazal
חבילת שחת
pajta
אסם
mező
שדה
ló
סוס
vontató
עגלת נגרר
traktor
טרקטור
csikó
סייח
szamár
חמור
juh
כבש
bárány
טלה

kecske

עז

tehén

פרה

borjú

עגל

malac

חזיר

kismalac

חזרזיר

bika

שור

liba

אווז

kacsa

ברווז

csibe

אפרוח

tojó

תרנגולת

kakas

תרנגול

patkány

חולדה

macska

חתול

egér

עכבר

ökör

שור

kutya

כלב

kutyaház

מלונה

kerti öntözőcső

צינור השקיה

öntözőkanna

קנקן מים

kasza

חרמש

eke

מחרשה

sarló

מגל

kapa

מגרפה

vasvilla

קלשון

fejsze

גרזן

talicska

מריצה

teknő

שוקת

tejes kancsó

כד חלב

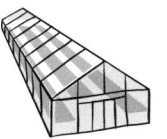

zsák

שק

kerítés

גדר

istálló

אורווה

üvegház

חממה

talaj

אדמה

vetőmag

זרע

trágya

דשן

cséplőgép

מקצרה

szüretelni

קצר

betakarítás

קציר

yamgyökér

בטטה אפריקנית

búza

חיטה

szója

סויה

burgonya

תפוח אדמה

kukorica

תירס

repcemag

קנולה

gyümölcsfa

עץ פירות

manióka

קסבה

gabona

דגנים

ház

בית

kémény
ארובה
tető
גג
eresz
מרזב
ablak
חלון
garázs
מוסך
ajtócsengő
פעמון
ajtó
דלת
szemetes
פח אשפה
postaláda
תיבת מכתבים
kert
גינה

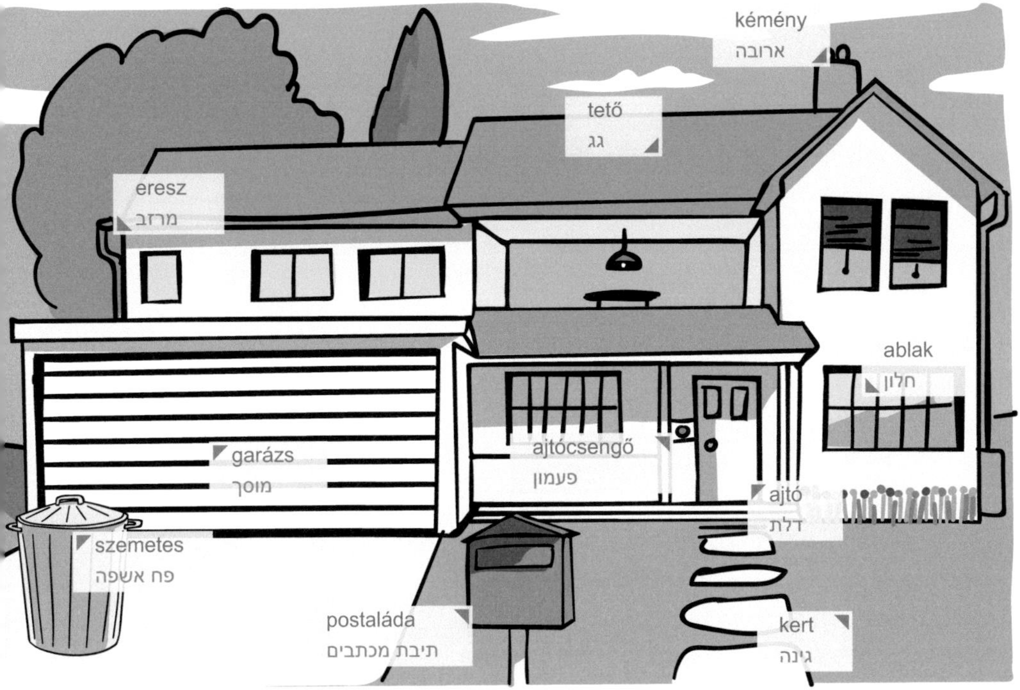

nappali

סלון

fürdőszoba

חדר אמבטיה

konyha

מטבח

hálószoba

חדר שינה

gyerekszoba

חדר ילדים

ebédlő

חדר אוכל

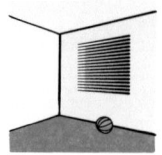

padló

רצפה

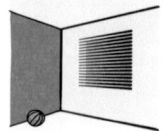

fal

קיר

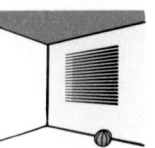

plafon

תקרה

pince

מרתף

szauna

סאונה

erkély

מרפסת

terasz

מרפסת

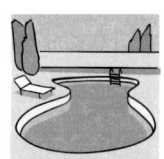

medence

בריכה

fűnyíró

מכסחת דשא

lepedő

סדין

ágytakaró

כיסוי מיטה

ágy

מיטה

seprű

מטאטא

vödör

דלי

kapcsoló

מפסק

nappali
סלון

tapéta
טפט
kép
תמונה
lámpa
מנורה
polc
מדף
szekrény
ארון
televízió
טלוויזיה
kandalló
אח
virág
פרח
párna
כרית
kanapé
ספה
váza
אגרטל
távirányító
שלט רחוק

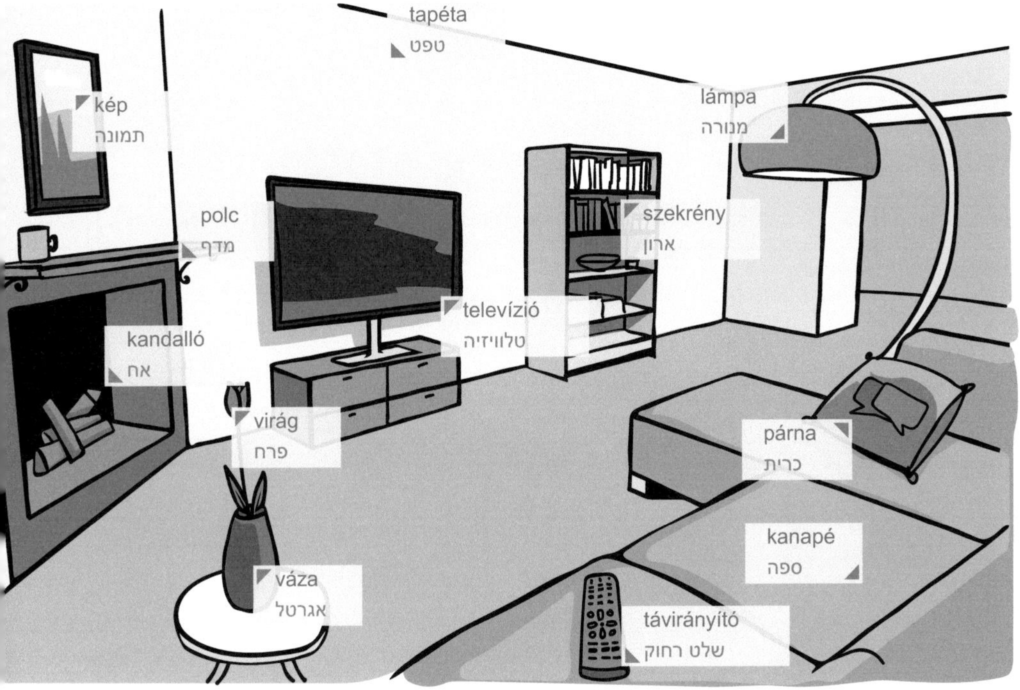

szőnyeg

שטיח

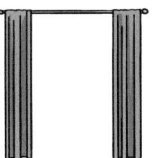

függöny

וילון

asztal

שולחן

szék

כסא

hintaszék

כיסא נדנדה

karosszék

כורסה

könyv

ספר

takaró

שמיכה

dekoráció

דקורציה

tűzifa

עצי הסקה

film

סרט

hifi

מערכת סטריאו

kulcs

מפתח

újság

עיתון

festmény

ציור

poszter

פוסטר

rádió

רדיו

jegyzetfüzet

מחברת

porszívó

שואב אבק

kaktusz

קקטוס

gyertya

נר

konyha

מטבח

hűtőgép
מקרר
mikrohullámú sütő
מיקרוגל
konyhai mérleg
kenyérpirító
טוסטר
tisztítószer
חומר ניקוי
tűzhely
תנור
fagyasztó
מקפיא
szemetes
פח אשפה
mosogatógép
מדיח כלים

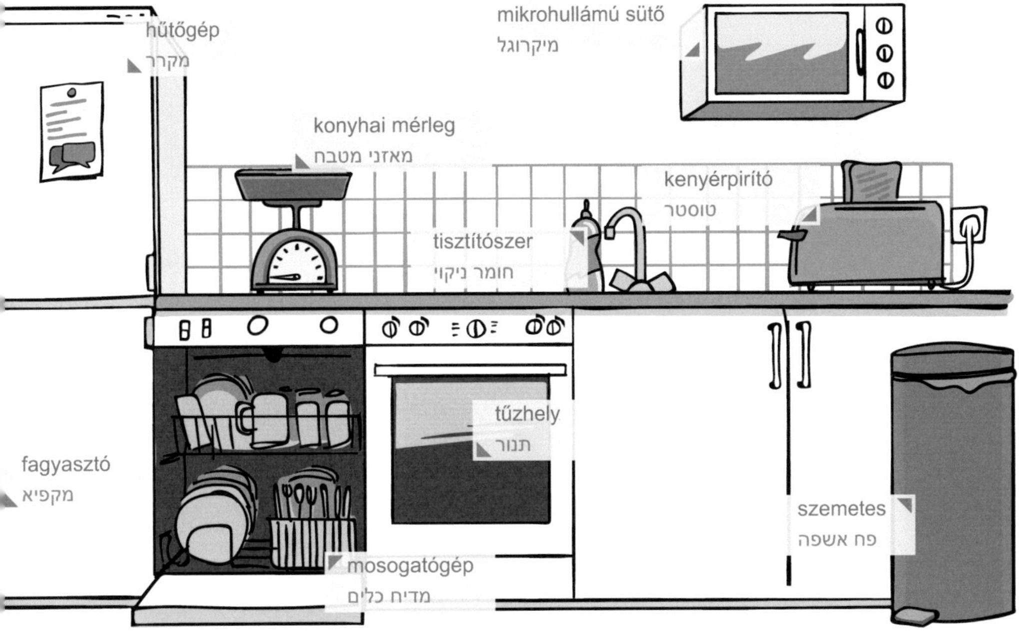

tűzhely

תנור

edény

סיר

vasfazék

סיר ברזל

wok / kadai

ווק

serpenyő

מחבת

vízforraló

קומקום חשמלי

páróló

מאדה

tepsi

מגש אפייה

étkészlet

כלי אוכל

bögre

ספל

tálka

קערה

evőpálcika

צ'ופסטיקס

merőkanál

מצקת

keverőlapátka

מרית

habverő

מטרפה

szűrő

מסננת בישול

szita

מסננת

reszelő

מגרדת

mozsár

מכתש

grillsütő

גריל

kandalló

מדורה

vágódeszka

קרש חיתוך

sodrófa

מערוך

dugóhúzó

פותחן פקקים

doboz

פחית

konzervnyitó

פותחן קופסאות

edényfogó

מטלית

mosogató

כיור

kefe

מברשת

szivacs

ספוג

turmixgép

בלנדר

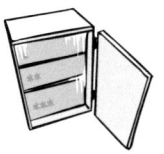

mélyhűtő

מקפיא

cumisüveg

בקבוק לתינוק

csap

ברז

fürdőszoba

חדר אמבטיה

fűtés
חימום
törölköző
מגבת
zuhany
מקלחת
zuhanyfüggöny
וילון מקלחת
habfürdő
אמבטיית קצף
kád
אמבטיה
pohár
כוס
mosógép
מכונת כביסה
csap
ברז
csempe
אריחים
bili
סיר לילה
mosogató
כיור

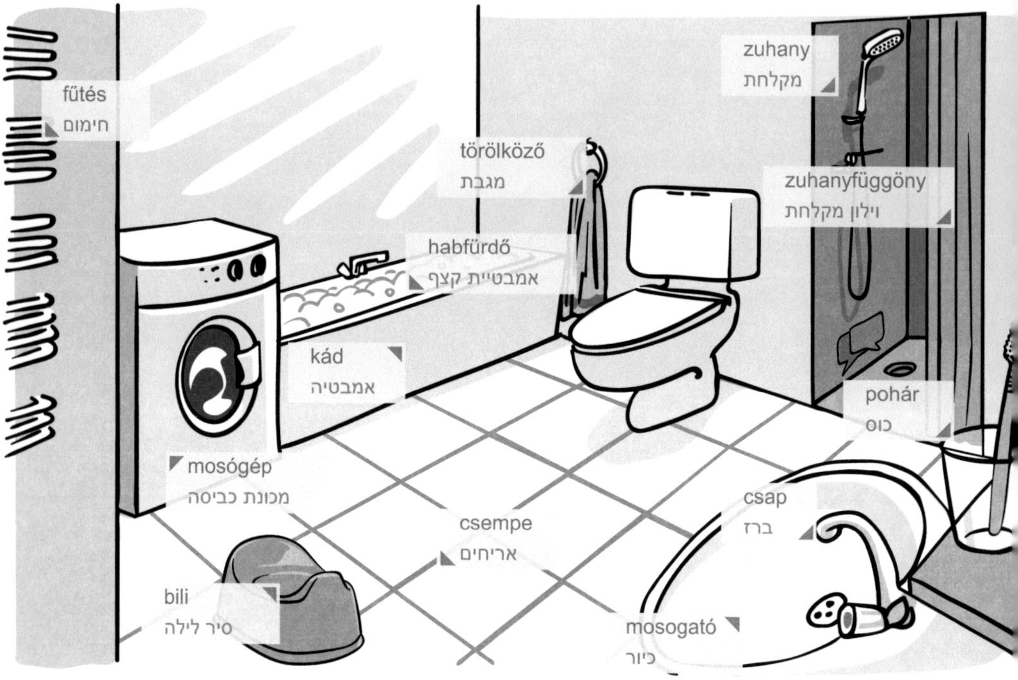

toalett

אסלה

guggolós toalett

אסלת כריעה

bidé

בידה

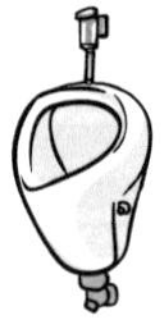

piszoár

משתנה

toalett papír

נייר טואלט

wc kefe

מברשת אסלה

fogkefe

מברשת שיניים

fogkrém

משחת שיניים

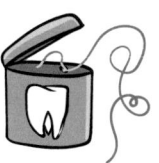

fogselyem

חוט דנטלי

mosni

שטף

kézi zuhany

מקלחת יד

intimzuhany

צינור שטיפה לשירותים

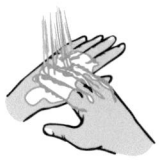

mosdótál

קערת רחצה

hátmosó kefe

מברשת גב

szappan

סבון

tusfürdő

ג'ל רחצה

sampon

שמפו

mosdókesztyű

ליפה

lefolyó

ניקוז

krém

קרם

dezodor

דיאודורנט

tükör

מראה

kézitükör

מראת יד

borotva

סכין גילוח

borotvahab

קצף גילוח

borotválkozás utáni arcszesz

אפטרשייב

fésű

מסרק

hajkefe

מברשת

hajszárító

מייבש שיער

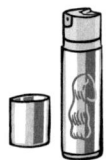

hajlakk

ספריי לשיער

smink

איפור

ajakrúzs

שפתון

körömlakk

לק

vatta

צמר גפן

körömvágó olló

מספריים לציפורניים

parfüm

בושם

neszesszer

תיק כלי רחצה

sámli

שרפרף

mérleg

משקל

köntös

חלוק רחצה

gumikesztyű

כפפות גומי

tampon

טמפון

egészségügyi betét

תחבושת סניטרית

vegyi WC

שירותים כימיקליים

gyerekszoba

חדר ילדים

ébresztő óra
שעון מעורר
plüssállat
צעצוע חיבוק
játékautó
מכונית צעצוע
csörgő
רעשן
babaház
בית בובות
ajándék
מתנה

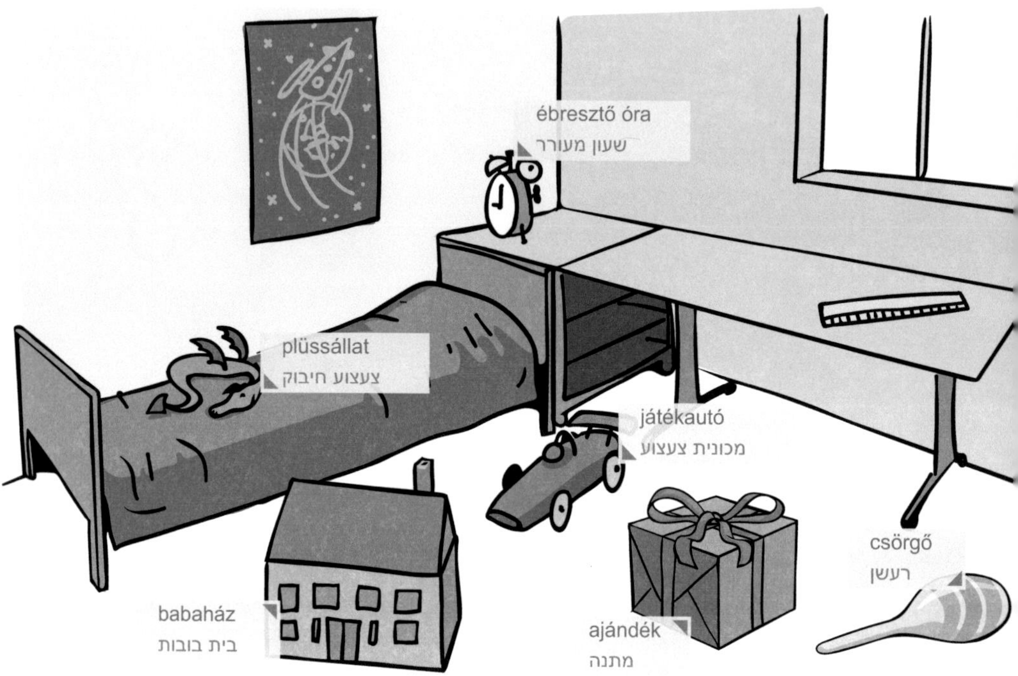

lufi

בלון

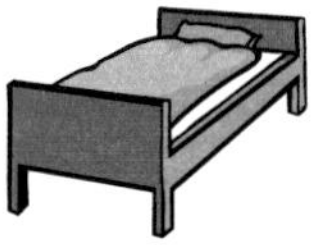

ágy

מיטה

babakocsi

עגלה

kártyapakli

משחק קלפים

kirakós játék

פאזל

képregény

קומיקס

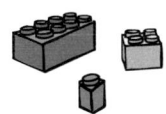

építőkockák

לגו

építőelem

קוביות משחק

szuperhős

דמות משחק

rugdalózó

סרבל תינוקות

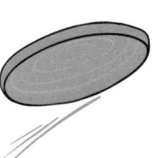

frizbi

פריזבי

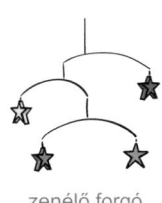

zenélő forgó

נייד

társasjáték

משחק לוח

kocka

קוביה

modellvasút

רכבת צעצוע

cumi

מוצץ

zsúr

מסיבה

képeskönyv

אלבום תמונות

labda

כדור

baba

בובה

játszani

שיחק

homokozó

ארגז חול

hinta

נדנדה

játékok

צעצועים

videójáték konzol

קונסולת משחקים

tricikli

אופניים תלת גלגלי

teddi maci

דובון

ruhásszekrény

ארון בגדים

ruházat

בגדים

zokni

גרביים

harisnya

גרביונים

harisnyanadrág

גרביון

sál
צעיף

esernyő
מטרייה

póló
חולצת טי

öv
חגורה

csizma
מגפיים

papucs
נעלי בית

tornacipő
נעלי ספורט

szandál

סנדלים

cipő

נעליים

gumicsizma

מגפי גומי

alsónadrág

תחתונים

melltartó

חזייה

mellény

וסט

body

גוף

nadrág

מכנסיים

farmer

ג'ינס

szoknya

חצאית

blúz

חולצה מכופתרת

ing

חולצה

pulóver

אפודה

kapucnis pulóver

סווצ'ר עם קפוצ'ון

blézer

בלייזר

dzseki

ז'קט

kabát

מעיל

esőkabát

מעיל גשם

kosztüm

תלבושת

ruha

שמלה

esküvői ruha

שמלת כלה

öltöny

חליפה

hálóing

כותונת לילה

pizsama

פיג'מה

szári

סארי

fejkendő

מטפחת ראש

turbán

טורבן

burka

בורקה

kaftán

קאפטן

abaya

עבאיה

fürdőruha

בגד ים

fürdőnadrág

בגד ים

rövidnadrág

מכנסיים קצרים

tréningruha

בגד אימון

kötény

סינר

kesztyű

כפפות

gomb

כפתור

szemüveg

משקפיים

karkötő

צמיד יד

nyaklánc

שרשרת

gyűrű

טבעת

fülbevaló

עגיל

sapka

כובע

vállfa

קולב

kalap

כובע

nyakkendő

עניבה

cipzár

רוכסן

bukósisak

קסדה

nadrágtartó

כתפיות

iskolai egyenruha

תלבושת בית ספר

egyenruha

מדים

előke
מפית אוכל

cumi
מוצץ

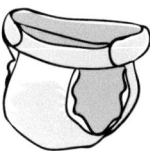

pelenka
חיתול

iroda
משרד

szerver
שרת
irattartó szekrény
תיקייה
nyomtató
מדפסת
papír
נייר
képernyő
מסך
egér
עכבר
íróasztal
שולחן עבודה
mappa
תיק
billentyűzet
מקלדת
papír-hulladék gyűjtő
סל נייר
számítógép
מחשב
szék
כסא

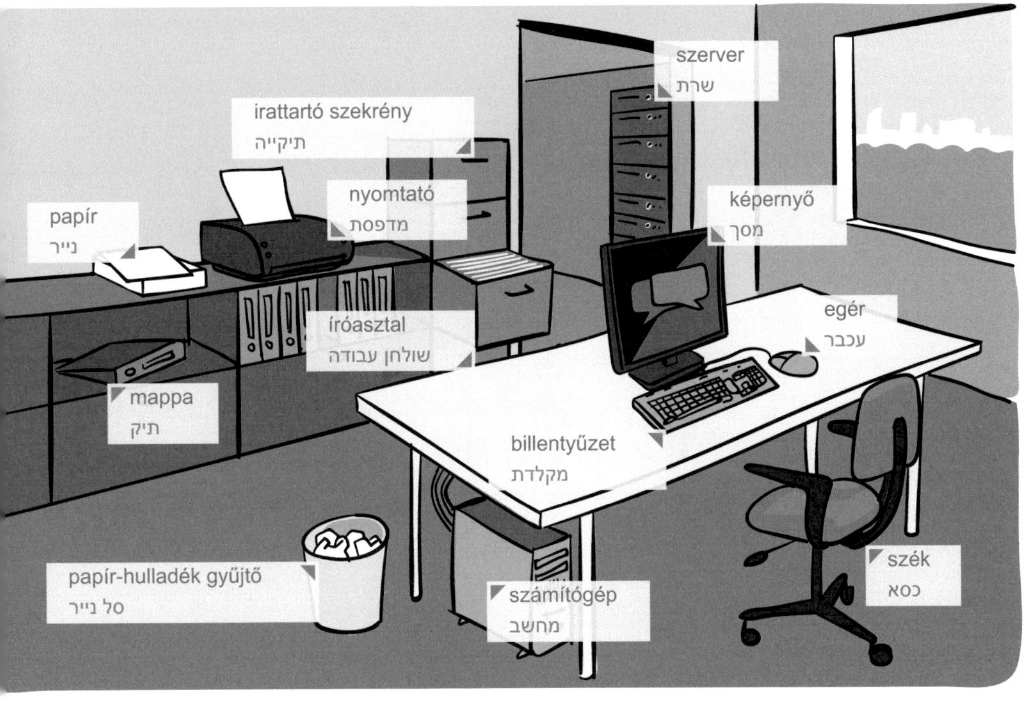

kávéscsésze
ספל קפה

számológép
מחשבון

internet
אינטרנט

laptop

מחשב נייד

levél

מכתב

üzenet

הודעה

mobiltelefon

נייד

hálózat

רשת

fénymásoló

מכונת צילום

szoftver

תוכנה

telefon

טלפון

konnektor

שקע

faxgép

פקס

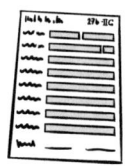

formanyomtatvány

טופס

dokumentum

מסמך

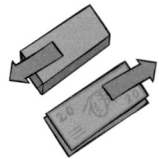

venni

קנה

fizetni

שילם

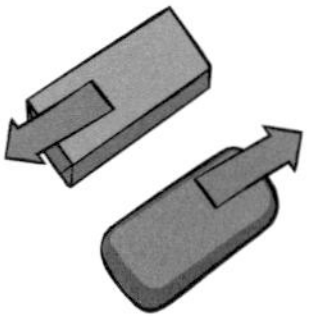

kereskedni

סחר

pénz

כסף

dollár

דולר

euró

יורו

jen

ין

rubel

רובל

svájci frank

פרנק שווייצרי

kínai jüan

יואן רנמינבי

rúpia

רופי

bankautomata

כספומט

valutaváltó iroda

המרת מטבע

arany

זהב

ezüst

כסף

olaj

נפט

energia

אנרגיה

ár

מחיר

szerződés

חוזה

adó

מס

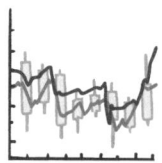

részvény

מנייה

dolgozni

עבד

munkavállaló

עובד

munkaadó

מעסיק

gyár

מפעל

üzlet

חנות

foglalkozások
מקצועות

tűzoltó
כבאי
rendőr
שוטר
szakács
טבח
orvos
רופא
pilóta
טייס

kertész

גנן

kárpitos

נגר

varrónő

תופרת

bíró

שופט

vegyész

כימאי

színész

שחקן

buszsofőr

נהג אוטובוס

taxisofőr

נהג מונית

halász

דייג

bejárónő

עובדת נקיון

tetőfedő

מתקן גגות

pincér

מלצר

vadász

צייד

festő

צייר

pék

אופה

villanyszerelő

חשמלאי

építőmunkás

עובד בניין

mérnök

מהנדס

hentes

קצב

vízvezeték-szerelő

אינסטלטור

postás

דוור

katona

חייל

építész

אדריכל

eladó

קופאי

virágos

מוכר פרחים

fodrász

ספר

kalauz

כרטיסן

műszerész

מכונאי

kapitány

קברניט

fogorvos

רופא שיניים

tudós

מדען

rabbi

רב

imám

אימאם

szerzetes

נזיר

lelkész

כומר

szerszámok

כלי עבודה

kalapács
פטיש
fogó
צבת
csavarhúzó
מברג
csavarkulcs
מפתח ברגים
elemlámpa
פנס

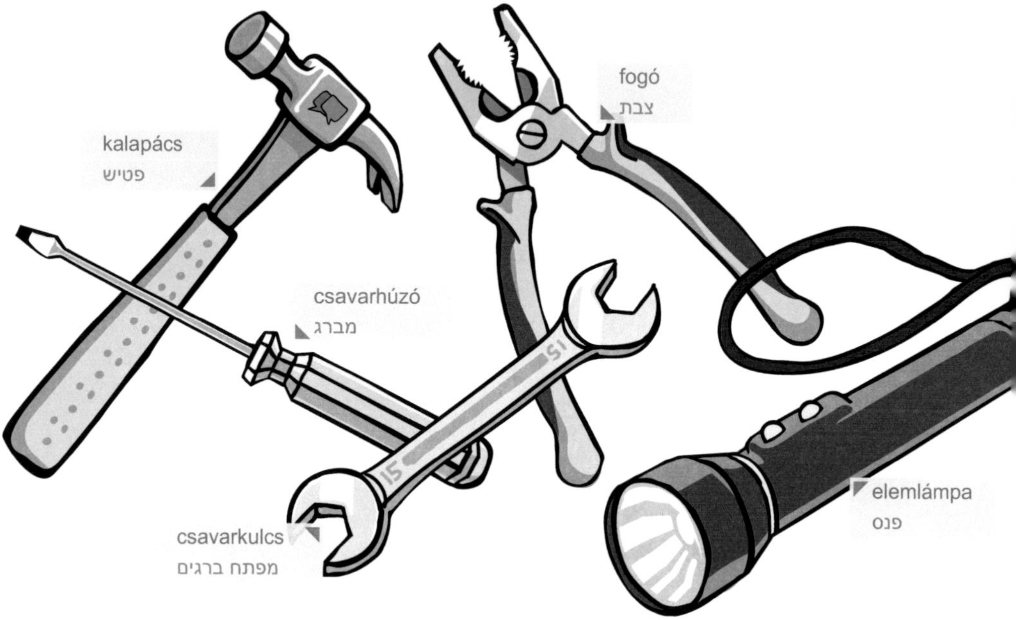

markológép
....
דחפור

szerszámosláda
....
ארגז כלים

vödör
....
סולם

fűrész
....
מסור

szög
....
מסמרים

fúrógép
....
מקדחה

megjavítani

תיקון

lapát

את חפירה

A francba!

לעזאזל!

szemétlapát

יעה

festékesdoboz

פח צבע

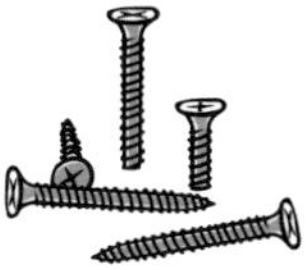

csavar

ברגים

hangszerek

כלי נגינה

hangszóró

רמקול

dobfelszerelés

מערכת תופים

gitár

גיטרה

nagybőgő

קונטראבס

trombita

חצוצרה

zongora

פסנתר

hegedű

כינור

basszusgitár

בס

üstdob

תוף הדוד

dobok

תופים

digitális zongora

מקלדת פסנתר

szaxofon

סקסופון

fuvola

חליל

mikrofon

מיקרופון

állatkert

גן חיות

bejárat
כניסה
tigris
נמר
kalitka
כלוב
zebra
זברה
állateledel
מזון לחיות
panda
פנדה

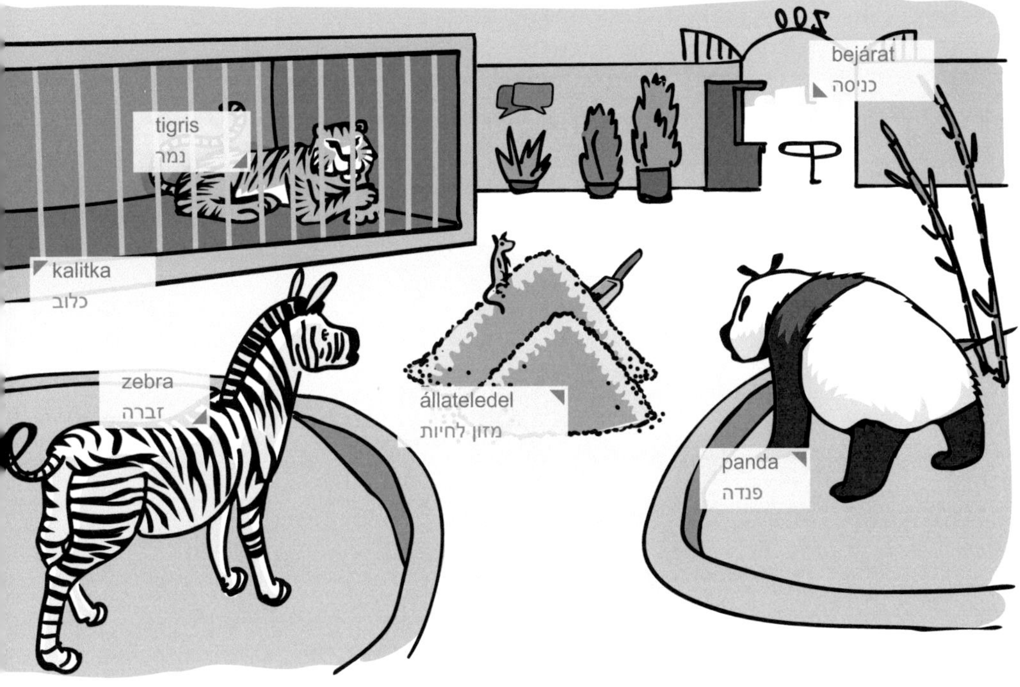

állatok

בעלי חיים

elefánt

פיל

kenguru

קנגרו

orrszarvú

קרנף

gorilla

גורילה

medve

דוב

teve

גמל

strucc

יען

oroszlán

אריה

majom

קוף

flamingó

פלמינגו

papagáj

תוכי

jegesmedve

דוב הקרח

pingvin

פינגווין

cápa

כריש

páva

טווס

kígyó

נחש

krokodil

תנין

állatgondozó

שומר גן החיות

fóka

כלב ים

jaguár

יגואר

póniló

סוס פוני

leopárd

לאופרד

víziló

היפופוטאם

zsiráf

ג'ירפה

sas

נשר

vaddisznó

חזיר בר

hal

דג

teknős

צב

rozmár

סוס ים

róka

שועל

gazella

איילה

sportok

ספורט

amerikai futball
פוטבול אמריקאי
kerékpározás
רכיבת אופניים
tenisz
טניס
kosárlabda
כדורסל
úszás
שחיה
boksz
אגרוף
jégkorong
הוקי

futball

כדורגל

tollas

בדמינטון

atlétika

אתלטיקה

kézilabda

כדור-יד

síelés

עשה סקי

lovaspóló

פולו

tevékenységek
פעילויות

ugrani
קפץ
ölelni
חיבק
nevetni
צחק
sétálni
הלך
énekelni
שר
álmodni
חלם
dicsérni
התפלל
csókolni
נשק

írni
כתב

rajzolni
צייר

mutatni
הראה

tolni
דחף

adni
נתן

vinni
לקח

birtokolni

יש / להיות הבעלים

csinálni

עשה

lenni

היה

állni

עמד

futni

רץ

húzni

משך

hajít

זרק

esni

נפל

hazudni

שכב

várni

חיכה

vinni

סחב

ülni

ישב

felvenni

התלבש

aludni

ישן

felébredni

התעורר

ránézni

הסתכל ב-

sírni

בכה

simogat

ליטף

fésülni

סירק

beszélni

דיבר

megérteni

הבין

kérdezni

שאל

hallgatni

שמע

inni

שתה

enni

אכל

takarítani

סידר

szeretni

אהב

főzni

בישל

vezetni

נהג

szállni

עף

vitorlázni

שט

számol

חישב

olvasni

קרא

tanulni

למד

dolgozni

עבד

házasodni

התחתן

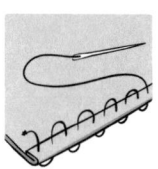

varrni

תפר

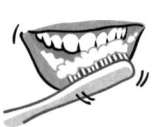

fogat mosni

ציחצח שיניים

ölni

הרג

dohányozni

עישן

küldeni

שלח

család

משפחה

nagymama
סבתא
nagypapa
סבא
apa
אבא
anya
אימא
kisbaba
תינוק
lány
בת
fiú
בן

vendég

אורח

nagynéni

דודה

nagybácsi

דוד

fiútestvér

אח

lánytestvér

אחות

test

גוף

homlok
מצח
szem
עין
כתף
ujj
אצבע
arc
פנים
áll
סנטר
kéz
כף יד
láb
רגל
mell
חזה
kar
זרוע

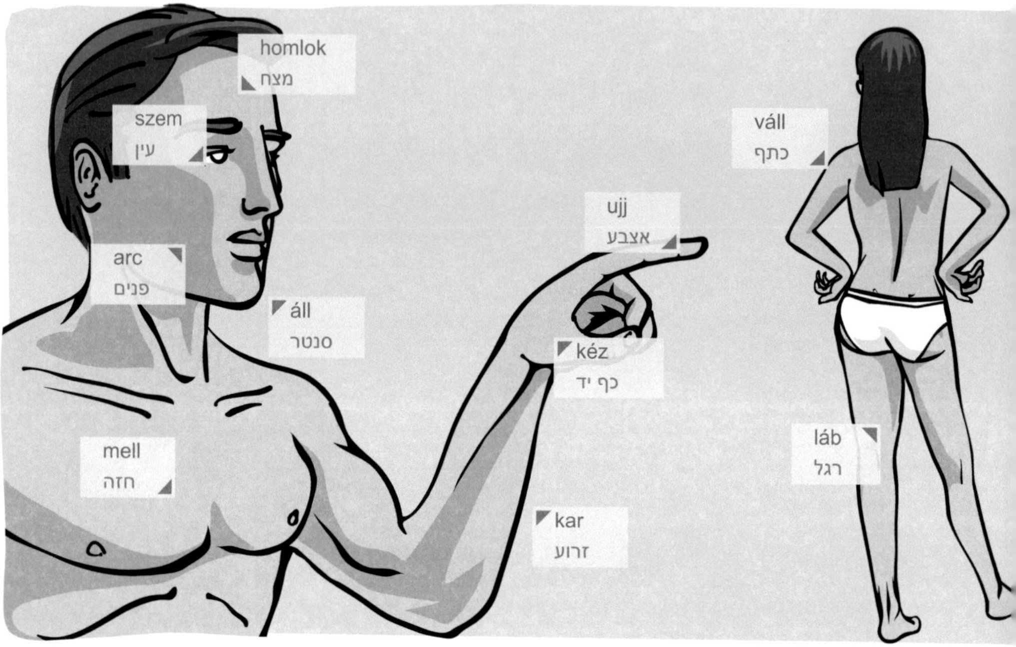

kisbaba

תינוק

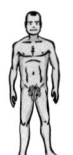

ember

איש

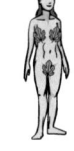

nő

אישה

lány

ילדה

fiú

ילד

fej

ראש

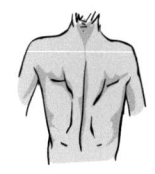

hát

גב

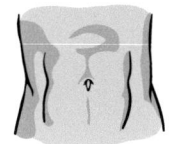

has

בטן

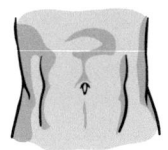

köldök

טבור

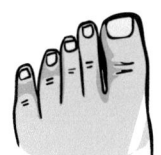

lábujj

אצבע

sarok

עקב

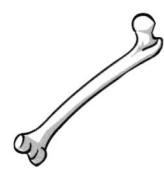

csont

עצם

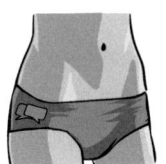

csípő

ירך

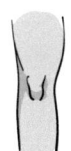

térd

ברך

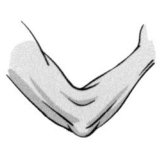

könyök

מרפק

orr

אף

fenék

עכוז

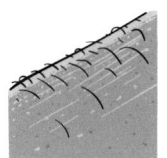

bőr

עור

orca

לחי

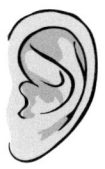

fül

אוזן

ajak

שפתיים

száj

פה

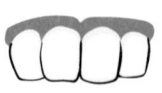

fog

שן

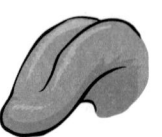

nyelv

לשון

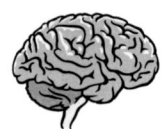

agy

מוח

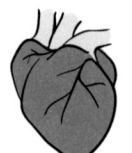

szív

לב

izom

שריר

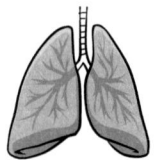

tüdő

ריאה

máj

כבד

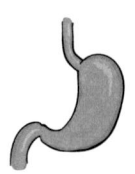

gyomor

קיבה

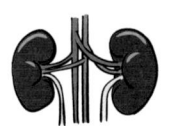

vese

כליות

szex

מין

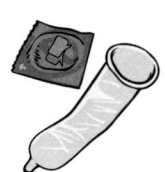

kondom

קונדום

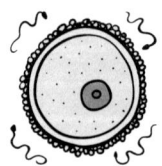

petesejt

ביצית

sperma

זרע

terhesség

הריון

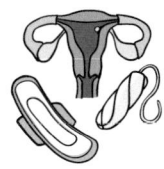

menstruáció

ווסת

vagina

נרתיק

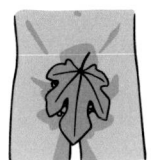

pénisz

פין

szemöldök

גבה

haj

שיער

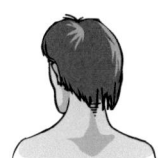

nyak

צוואר

kórház

בית חולים

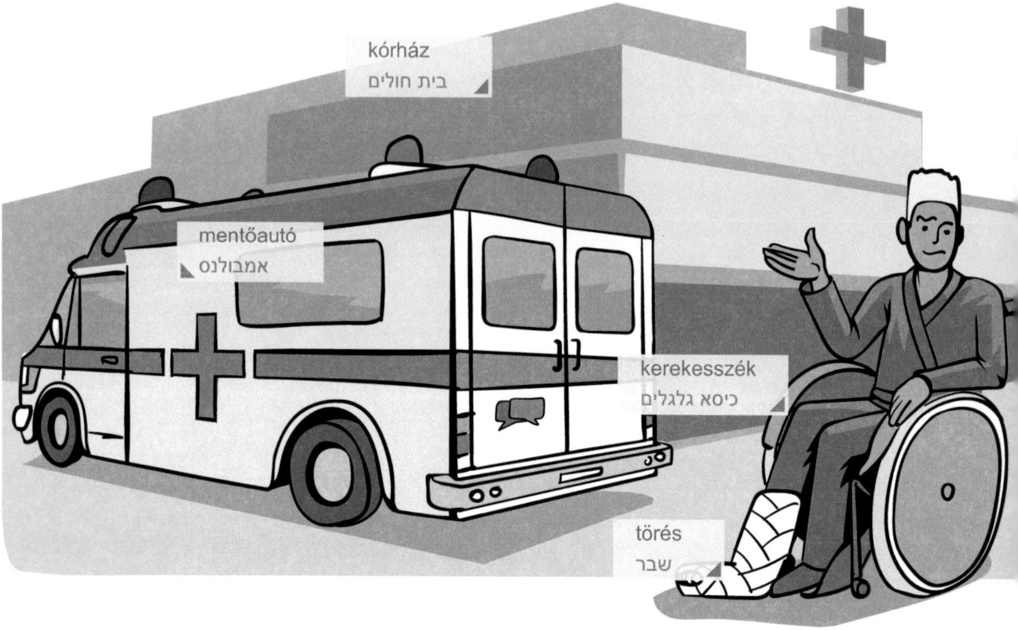

kórház
בית חולים
mentőautó
אמבולנס
kerekesszék
כיסא גלגלים
törés
שבר

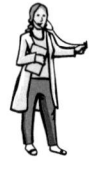

orvos

רופא

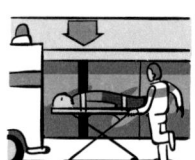

sürgősségi osztály

חדר מיון

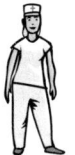

ápoló

אחות

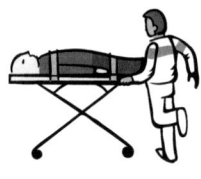

vészhelyzet

חירום

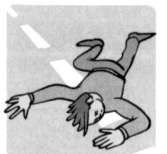

eszméletlen

חסר הכרה

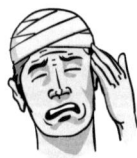

fájdalom

כאב

sérülés

פציעה

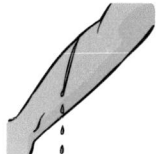

vérzés

דימום

szívroham

התקף לב

szélütés

שבץ

allergia

אלרגיה

köhögés

שיעול

láz

חום

influenza

שפעת

hasmenés

שלשול

fejfájás

כאב ראש

rák

סרטן

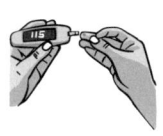

cukorbetegség

סוכרת

sebész

מנתח

szike

אזמל

műtét

ניתוח

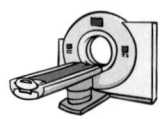

CT

סי־טי

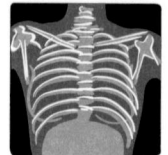

röntgen

רנטגן

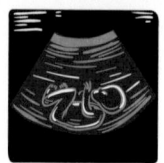

ultrahang

אולטרסאונד

arcmaszk

מסיכת פנים

betegség

מחלה

váróterem

חדר המתנה

mankó

קבה

sebtapasz

פלסטר

kötszer

תחבושת

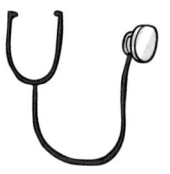

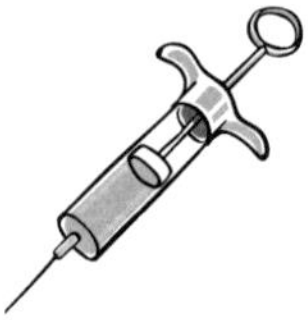

injekció

זריקה

sztetoszkóp

סטטוסקופ

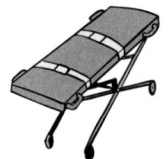

hordágy

אלונקה

klinikai hőmérő

מד חום

születés

לידה

túlsúly

עודף משקל

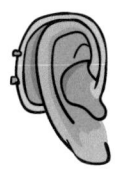

hallókészülék

מכשיר שמיעה

fertőtlenítőszer

מחטא

fertőzés

זיהום

vírus

נגיף

HIV/AIDS

איידס

orvosság

תרופה

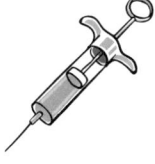

oltás

חיסון

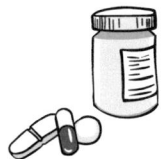

tabletták

טבליות

tabletta

גלולה

sürgősségi hívás

קריאת חירום

vérnyomásmérő

מד לחץ דם

betegség / egészség

חולה / בריא

vészhelyzet

חירום

Segítség!

הצילו!

riasztás

אזעקה

rajtaütés

פשיטה

támadás

תקיפה

veszély

סכנה

vészkijárat

יציאת חירום

tűz!

אש!

tűzoltókészülék

מטף כיבוי

baleset

תאונה

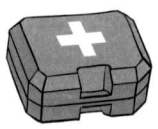

elsősegélycsomag

ערכת עזרה ראשונה

SOS

הצילו!

rendőrség

משטרה

Európa

אירופה

Észak-Amerika

צפון אמריקה

Dél-Amerika

דרום אמריקה

Afrika

אפריקה

Ázsia

אסיה

Ausztrália

אוסטרליה

Atlanti-óceán

האוקיינוס האטלנטי

Csendes-óceán

האוקיינוס השקט

Indiai-óceán

האוקיינוס ההודי

Déli-óceán

האוקיינוס האנטרקטי

Jeges-tenger

האוקיינוס הארקטי

Északi-sark

הקוטב הצפוני

Déli-sark

הקוטב הדרומי

Antarktisz

אנטארקטיקה

föld

כדור הארץ

szárazföld

אדמה

tenger

ים

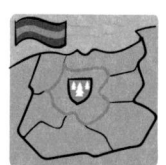

sziget

אי

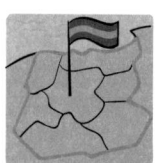

nemzet

לאום

állam

מדינה

óra

שעון

számlap

פני השעון

kismutató

מחוג השעות

nagymutató

מחוג הדקות

másodpercmutató

מחוג השניות

Mennyi az idő?

?מה השעה

nap

יום

idő

זמן

most

עכשיו

digitális óra

שעון דיגיטלי

perc

דקה

óra

שעה

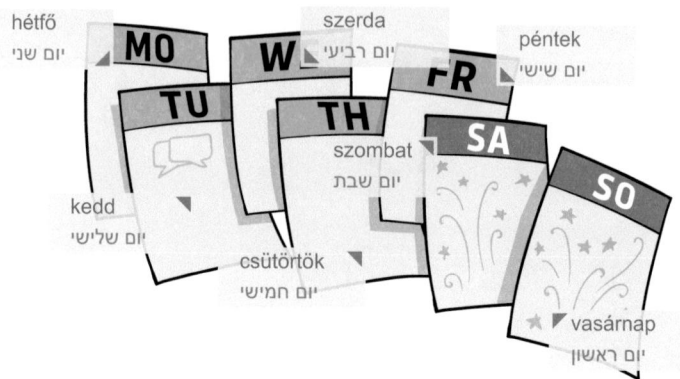

hétfő — יום שני

szerda — יום רביעי

péntek — יום שישי

kedd — יום שלישי

szombat — יום שבת

csütörtök — יום חמישי

vasárnap — יום ראשון

tegnap

אתמול

ma

היום

holnap

מחר

reggel

בוקר

dél

צהריים

este

ערב

MO	TU	WE	TH	FR	SA	SU
1	2	3	4	5	6	7
8	9	10	11	12	13	14
15	16	17	18	19	20	21
22	23	24	25	26	27	28
29	30	31	1	2	3	4

hétköznap

ימי עבודה

MO	TU	WE	TH	FR	SA	SU
1	2	3	4	5	6	7
8	9	10	11	12	13	14
15	16	17	18	19	20	21
22	23	24	25	26	27	28
29	30	31	1	2	3	4

hétvége

סוף שבוע

év

שנה

szivárvány
קשת בענן
eső
גשם
hó
שלג
szél
רוח
tavasz
אביב
ősz
סתיו
nyár
קיץ
tél
חורף

4.APRIL 11°
5.APRIL 4°
6.APRIL 13°
7.APRIL 8°
8.APRIL 10°

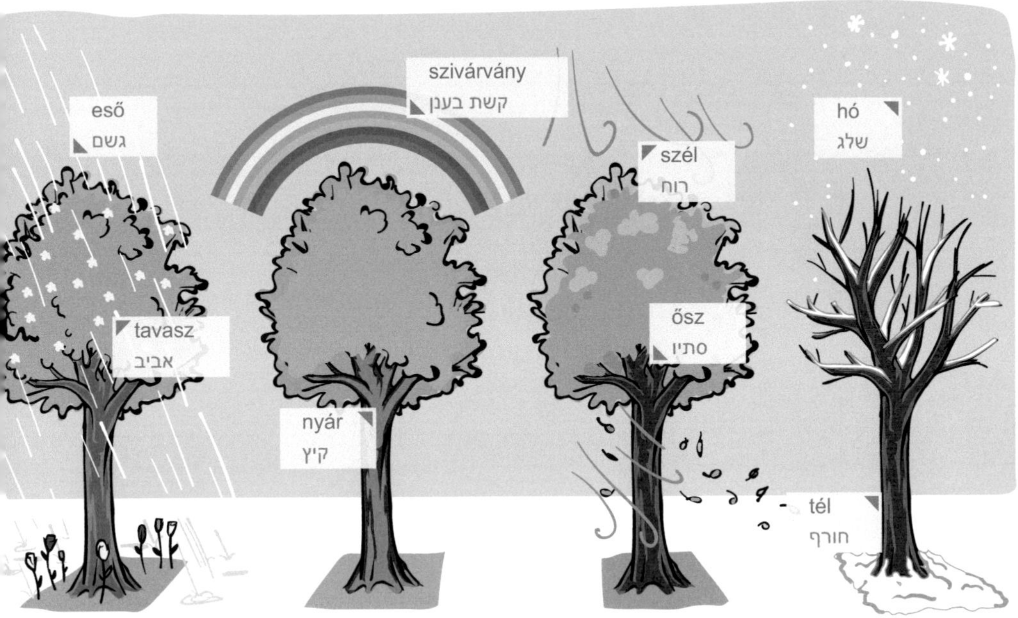

időjárás előrejelzés

תחזית מזג האוויר

0
10
0
-10

hőmérő

מד חום

napsütés

אור שמש

felhő

ענן

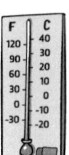

köd

ערפל

páratartalom

לחות

villámlás

ברק

mennydörgés

רעם

vihar

סערה

jégeső

ברד

monszun

רוח עונתי

áradás

שיטפון

jég

קרח

január

ינואר

február

פברואר

március

מרץ

április

אפריל

május

מאי

június

יוני

július

יולי

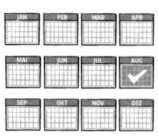

augusztus

אוגוסט

szeptember

ספטמבר

október

אוקטובר

november

נובמבר

december

דצמבר

alakzatok

צורות

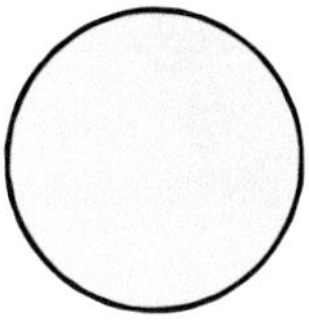

kör

עיגול

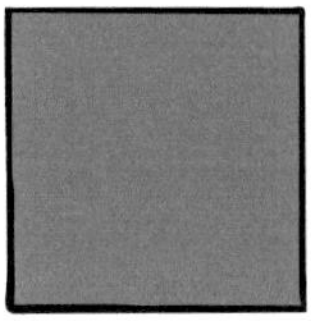

négyzet

מרובע

téglalap

מלבן

háromszög

משולש

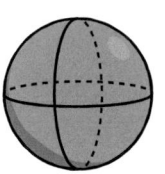

gömb

כדור

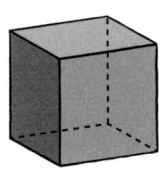

kocka

קובייה

színek

צבעים

fehér

לבן

sárga

צהוב

narancs

כתום

rózsaszín

ורוד

piros

אדום

lila

סגול

kék

כחול

zöld

ירוק

barna

חום

szürke

אפור

fekete

שחור

sok / kevés

הרבה / מעט

mérges / nyugodt

כועס / רגוע

szép / csúnya

יפה / מכוער

kezdet / vég

התחלה / סוף

nagy / kicsi

גדול / קטן

világos / sötét

בהיר / כהה

fivér / nővér

אח / אחות

tiszta / koszos

נקי / מלוכלך

teljes / nem teljes

שלם / חלקי

nappal / éjszaka

יום /לילה

halott / élő

מת / חי

széles / keskeny

רחב / צר

ehető / nem ehető

אכיל / לא אכיל

gonosz / kedves

רשע / טוב לב

izgatott / unott

מתרגש / משועמם

kövér / vékony

שמן / רזה

első / utolsó

ראשון / אחרון

barát / ellenség

חבר / אויב

teli / üres

מלא / ריק

kemény / puha

קשה / רך

nehéz / könnyű

כבד / קל

éhség / szomjúság

רעב / צמא

betegség / egészség

חולה / בריא

illegális / legális

בלתי-חוקי / חוקי

intelligens / buta

נבון / טיפש

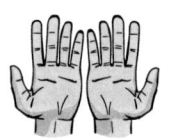

bal / jobb

שמאל / ימין

közel / távol

קרוב / רחוק

új / használt

חדש / משומש

semmi / valami

כלום / משהו

idős / fiatal

זקן / צעיר

be / ki

פעיל / כבוי

nyitva / zárva

פתוח / סגור

csendes / hangos

שקט / רועש

gazdag / szegény

עשיר / עני

helyes / helytelen

נכון / שגוי

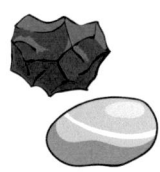

érdes / sima

מחוספס / חלק

szomorú / vidám

עצוב / שמח

rövid / hosszú

קצר / ארוך

lassú / gyors

איטי / מהיר

nedves / száraz

רטוב / יבש

meleg / hideg

חם / קר

háború / béke

מלחמה / שלום

számok
מספרים

0	**1**	**2**
nulla	egy	kettő
אפס	אחת	שתיים
3	**4**	**5**
három	négy	öt
שלוש	ארבע	חמש
6	**7**	**8**
hat	hét	nyolc
שש	שבע	שמונה
9	**10**	**11**
kilenc	tíz	tizenegy
תשע	עשר	אחת-עשרה

12

tizenkettő

שתים-עשרה

13

tizenhárom

שלוש-עשרה

14

tizennégy

ארבע-עשרה

15

tizenöt

חמש-עשרה

16

tizenhat

שש-עשרה

17

tizenhét

שבע-עשרה

18

tizennyolc

שמונה-עשרה

19

tizenkilenc

תשע-עשרה

20

húsz

עשרים

100

száz

מאה

1.000

ezer

אלף

1.000.000

millió

מיליון

nyelvek

שפות

angol

אנגלית

amerikai angol

אנגלית אמריקאית

mandarin kínai

סינית מנדרינית

hindi

הודית

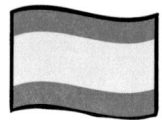

spanyol

ספרדית

francia

צרפתית

arab

ערבית

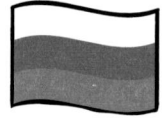

orosz

רוסית

portugál

פורטוגזית

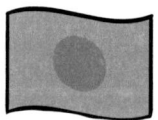

bengáli

בנגלית

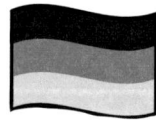

német

גרמנית

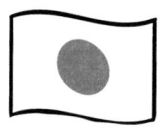

japán

יפנית

ki / mi / hogyan
מי / מה / איך

én

אני

te

אתה / את

ő

הוא / היא / זה

mi

אנחנו

ti

אתם

ők

הם

ki?

מי?

mi?

מה?

hogyan?

איך?

hol?

איפה?

mikor?

מתי?

név

שם

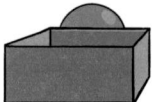

hol

איפה

mögött

מאחור

benne

בתוך

előtte

לפני

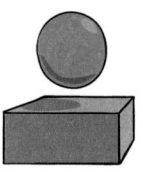

felette

מעל

rajta

על

alatta

מתחת

mellett

ליד

között

בין

hely

מקום